JOHANNES BRAHMS

6 KLAVIERSTÜCKE
6 PIANO PIECES

Opus 118

Herausgegeben von / Edited by

Carl Seeman · Kurt Stephenson

ALLE RECHTE VORBEHALTEN · ALL RIGHTS RESERVED

EDITION PETERS
LEIPZIG · LONDON · NEW YORK

Vorwort

Die neue Ausgabe der Klavierwerke von Johannes Brahms verbindet die Ergebnisse wissenschaftlicher Quellenkritik mit der Erfahrung internationaler Konzert- und Unterrichtspraxis.

Grundlage für die Revision war die 1926-28 von Eusebius Mandyczewski, dem Archivar der Wiener „Gesellschaft der Musikfreunde", vorgenommene Ausgabe der *Sämtlichen Werke*. Der Text dieser Ausgabe, der auf dem Vergleich der Autographe, der von Brahms überwachten Originalausgaben und seiner Handexemplare, in denen spätere Korrekturen vermerkt sind, beruht, kann auch heute noch als verbindlich gelten und ist anhand der sorgfältigen Revisionsberichte nachprüfbar. Die wenigen Abweichungen späterer „Urtext"-Ausgaben vom Text der Gesamtausgabe wurden erneut überprüft; in Zweifelsfällen lag die Entscheidung über unterschiedliche Lesarten bei beiden Herausgebern gemeinsam.

Die spieltechnische Einrichtung erstreckt sich auf die Fingersatzbezeichnung, die dem besonderen Charakter der Brahms'schen Klaviermusik Rechnung trägt und dem Stand neuester Klaviertechnik entspricht, Hilfen für die Aufteilung des Notentextes auf beide Hände (vgl. z. B. die Empfehlung des Herausgebers zur Ballade op. 10 Nr. 3) sowie auf die Position beim Ineinandergreifen der Hände, die durch die traditionellen Bezeichnungen *sopra* (hoch, weit hinten in den Tasten, über der anderen Hand) und *sotto* (tief, vorne in den Tasten, unter der anderen Hand) festgelegt wurden. Alle Herausgeber-Zusätze wurden in der üblichen Art (eckige Klammern, punktierte Bögen) gekennzeichnet; die originalen Fingersätze Brahms' erscheinen in kursiven Ziffern.

Preface

In this new edition of Johannes Brahms' Piano Works the results of scholarly research into authentic sources of revision have been combined with the experience of international concert practice and established academic principles of interpretation.

Serving as a basis for the preparation of this revision was the edition of *Brahms' Complete Works* undertaken in 1926-1928 by Eusebius Mandyczewski, archivist of the "Gesellschaft der Musikfreunde", Vienna. This edition, based on a comparison of the manuscripts used in compiling the original editions (supervised by Brahms himself) as well as the composer's own amendments in manuscript form, may be looked upon with authority and is verified in the editor's critical analysis of the revision. The few deviations that occur in later *Urtext* editions from the text of the complete edition have been subject to careful scrutiny, radical deviations in the various readings having been referred to both editors for unanimous adoption or rejection.

Aspects of technique involved the application of a system of fingering compatible with the character of Brahms' piano music and in due conformity with latest principles of technical execution. Suggestions are also given for distributing the material conveniently over both hands (compare the editor's proposals for the layout of Ballade op. 10, No. 3) as well as for positioning the hands wherever they interlink. In the latter case, use has been made of the traditional terms *sopra* (high, i. e. fingers situated towards the extreme rear ends of the keys, above the other hand) and *sotto* (low, i. e. fingers situated at the front edges of the keys, below the other hand). All editorial suggestions are distinguished in the usual manner by the use of square brackets and dotted slurs; Brahms' original fingering appears in italics.

Préface

La nouvelle édition des oeuvres pour piano de Johannes Brahms unit les résultats d'une critique scientifique des sources à l'expérience acquise grâce à la pratique de concerts et de l'enseignement du piano sur une échelle internationale.

La révision est fondée sur l'édition des *Oeuvres Complètes* entreprise de 1926 à 1928 par Eusebius Mandyczewski, l'archiviste de l'« Association des amis de la musique» de Vienne. Le texte de cette édition repose sur la comparaison des autographes, des éditions originales faites sous la surveillance de Brahms lui-même et des exemplaires écrits de la main de celuici, dans lesquels sont notées des corrections ultérieures. Aujourd'hui encore, ce texte peut être considéré comme impératif et est vérifiable à l'appui des soigneux rapports sur la révision. Les rares divergences des éditions ultérieures du texte original avec le texte de l'edition intégrale ont à nouveau été examinées; dans les cas douteux, l'interprétation des versions divergentes a été la même chez les deux éditeurs.

L'arrangement technique du jeu comprend l'indication du doigté en tenant compte du caractère particulier de la musique pour piano de Brahms et correspond à la technique du piano la plus nouvelle. Il comporte aussi des conseils pour la répartition du texte musical sur les deux mains (conférer par exemple la recommandation de l'éditeur en ce qui concerne la Ballade Opus 10 no 3) ainsi que sur la position des mains lorsqu'elles se chevauchent. Pour cela, on a utilisé les indications traditionnelles: *sopra* (aigu, loin à l'arrière des touches, par-dessus l'autre main) et *sotto* (grave, à l'avant des touches, sous l'autre main). Tous les suppléments ajoutés par l'éditeur sont indiqués par les signes usuels (parenthèses anguleuses, liaisons en pointillé), les doigtés originaux de Brahms en chiffres italiques.

INHALT / CONTENTS

KLAVIERSTÜCKE

Komponiert bis 1893

Johannes Brahms (1833–1897)

Intermezzo

Opus 118 Nr. 1

Allegro non assai, ma molto appassionato

Herausgegeben von
Carl Seemann und Kurt Stephenson

Intermezzo

Opus 118 Nr. 2

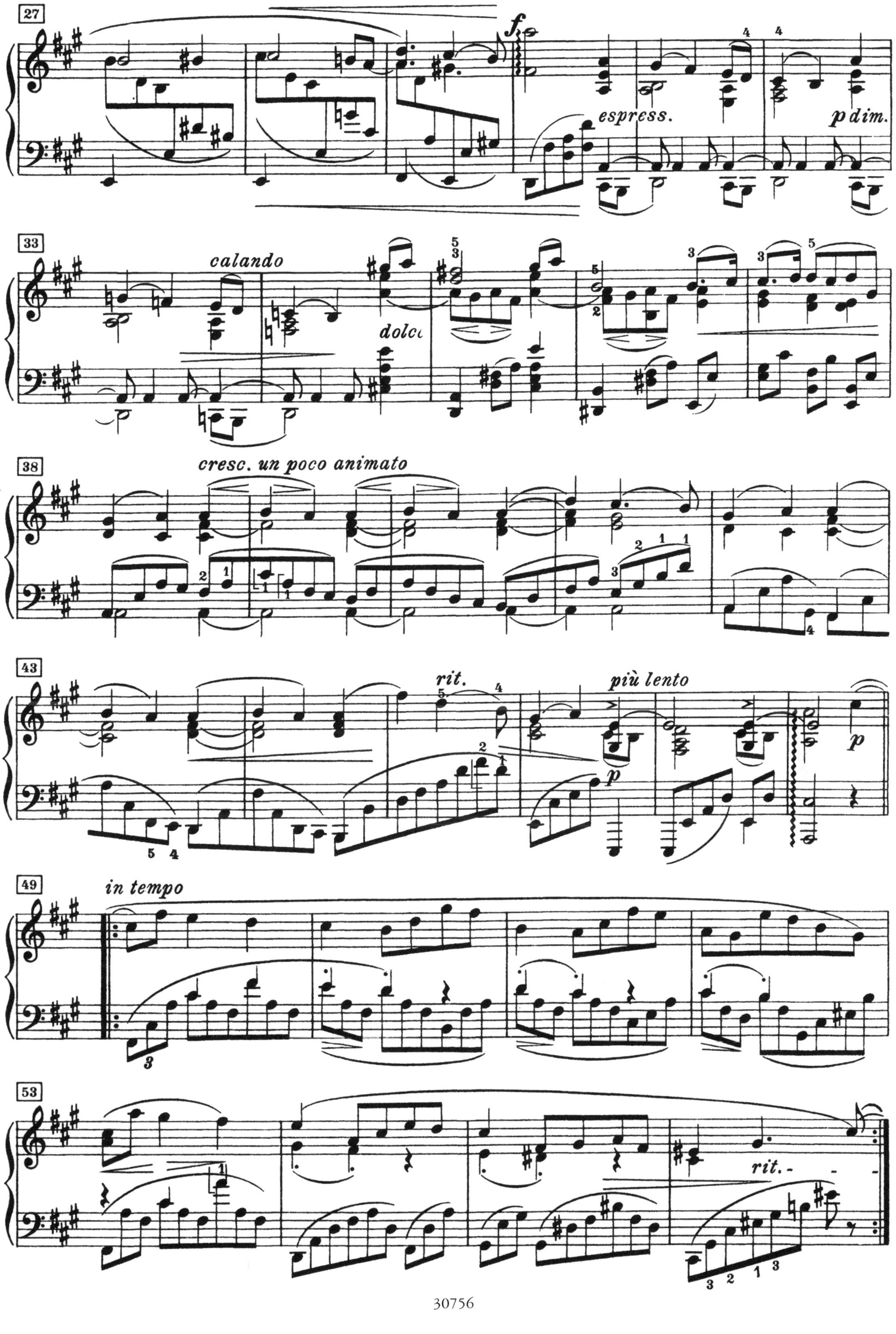
27
f
espress.
p dim.
33
calando
dolce
38
cresc. un poco animato
43
rit.
più lento
p
p
49
in tempo
53
rit.

Ballade

Opus 118 Nr. 3

Allegro energico

Intermezzo

Opus 118 Nr. 4

Allegretto un poco agitato

Romanze

Opus 118 Nr. 5

Intermezzo

Opus 118 Nr. 6